AF234998

62 DE OCTUBRE

62 DE OCTUBRE

por

Alfredo Sánchez Rodríguez

© Alfredo Sánchez Rodríguez

© Prólogo: Teo Serna
© Ilustración de portada: Teo Serna
© Fotografía de solapa: Tomás Fernández de Moya Montero
© Fotografía de contraportada: Maite Navas Portolés

© Añil desarrollo gráfico, S. L.
Mahalta ediciones es un sello editorial de Añil desarrollo gráfico, S. L.
www.anil.es
www.mahalta.es

Colección Mahalta Poesía n.º 20
Primera edición: marzo 2025

ISBN: 978-84-129419-3-7
Depósito Legal: CR 74-2025

Impreso en España
Diseño y maquetación: Añil desarrollo gráfico, S. L.
Impresión: Safekat, S. L.

Cualquier forma de explotación de esta obra, en especial su reproducción,
distribución, comunicación pública o transformación, solo puede ser realizada con la
autorización de sus titulares, salvo excepción prevista por la ley.
Diríjase a CEDRO (Centro Español de Derechos Reprográficos) si necesita fotocopiar,
escanear, distribuir o poner a disposición algún fragmento de esta obra.
www.cedro.org | 91 702 19 70 / 93 272 04 45

Empezar por los labios para acabar en la lengua
[A propósito de *62 de octubre*]

Se ha dicho (Jorge Reichmann, por ejemplo) que la poesía es una forma de resistencia, una manera de resistir; también una manera de vivir o, al menos, de percibir la vida (Gamoneda, por ejemplo, para quien la poesía no es ni siquiera un género literario). Se cruzan así los términos «resistencia» y «vida». Se cruzan, sabiendo que una cosa es la otra y viceversa, porque ¿qué es la vida sino resistencia? Resistencia a todo: a la enfermedad, al dolor, a la muerte incluso (aun sabiendo lo perdida que está esa batalla). Una opción beligerante, no siempre pasiva, más allá de lo estrictamente político o militante, que supone toma de conciencia, posición y enfrentamiento: barricada y fortaleza ante los empellones más o menos agresivos, ante aquellas cosas que no nos gustan, que deslustran la vida. La vida, sí: combate. ¿La poesía también? Como forma de vida que es (como forma de percibirla), diría que, al menos, teórica guerrilla, manera de encontrar el sentido que se nos escapa como un hilo de cometa que nos retiene amarrados a ella: a la duda.

Sembrar semillas oscuras para obtener una cosecha de luz (una luz pequeñita, casi agónica, como un faro a punto de morir en medio de la tempestad). Pero faro al fin: una luz del fin del mundo, *verniana*, en esa costa *Finis Terrae*.

Ya se sabe que más allá hay monstruos abisales. Es decir (y me repito): las dudas aquellas a las que estamos amarrados.

Alfredo se abraza a la luz mortecina del faro con esperanza, como faro también (no sabríamos distinguir la una de la otra; la una del otro). Y construye el mismo faro para refugiarse en él, en su mismo centro de luz, en su almendra de luz. Acto de solipsismo, quizá. Y es allí donde se atrinchera y se prepara para resistir ante el dolor, la soledad, el virus, las heridas. Más allá está la tormenta. Alfredo lo sabe, pero tiene también un cierto regusto ante el relámpago y el trueno posterior, porque intuye (cómo no), la certeza de la luz caída, perpendicular, y del eco de la furia desatada como presentimiento lejano, pero cierto, del resplandor próximo. El aire se llena de ozono. Y no importa la presencia de aquellos monstruos marinos. Ya no. Porque la poesía también los construye, también los anima, juega con ellos. De la lengua del poeta nace el rayo que todo lo purifica, que anima a un Frankenstein con la vida de tantas vidas.

Alfredo quiere resistir y mira a su criatura. Quizá sea él mismo esa vida sumada, ese sentimiento hecho de trozos de otros. Ya no le queda sino escribir lo que le hace terquedad, grafito duro. También aire conmovido, llaga abierta, constelación pequeña, perdida: una debilidad ante la dureza que el poeta quisiera tener, pero que es (ahora lo sabe) un quererse frágil en la fragilidad luminosa, resistente.

Y así, sintiendo *de plomo el aire, la espesura del tiempo, el lenguaje del fuego y la boca de la noche* (peso, historia, destrucción y misterio), poder empezar por los labios para acabar en la lengua: beso y palabra, cuando afuera brama la tormenta. ¿Para qué más?

TEO SERNA

A los días sin luz,
a la esperanza,
a la vida que me hace ser.

Toda palabra tiene consecuencias,
todo silencio también.

Jean-Paul Sartre

La poesía como pensamiento
del desorden de lo visible.

Jenaro Talens

Acaso fue un paréntesis o un sueño,
el tiempo en que creímos
que existía esperanza para el hombre.

César Rodríguez de Sepúlveda

ADVERTENCIA

Quise escribir un libro
de pálpito cautivo por la vida,
alegre

que hablara
de mí como árbol,
como hierba que crece y se hace bosque,
como brisa, volcán o meteoro,
como mar,
como alto vuelo
de las aves que traen la primavera,
como sol que atardece y nunca
se cansa de nacer...
                    pero el desierto.

No es fácil el desierto para nadie.

Ni el permanente de silencio y llaga
ni el repentino que
te invade y te destroza
con la violencia
de una rendija mínima de luz
                    en plena oscuridad.

Y de todo podría prescindir,
hasta de la sombra,
peso que si me duele
me arrancaría.

I
El hombre escondido

SOMBRAS EN LA PARED

Mientras seduzco el sueño y temo la vigilia,
hago sombras chinescas en la pared desnuda.

Mis manos en la noche
—tensas y sin el ruido de la vida—
crean mundos fugaces pretendiendo imitarla,
y no consigo
desvelar con ellas
el guiño de ternura
ni la mueca de alma o de sonrisa
que me recuerde al niño que pretendo

solo formas absurdas, tenebrosas,
ridículas y torpes todas ellas.

Y todas ellas,
triste y verazmente,
parecidas a mí.

La espesura del tiempo (I)

¿Cómo en este vacío me sé pleno?
TEO SERNA

La espesura asfixiante del tiempo
—materia concentrada de vacío—
que oscila y se retuerce,
que gira y no descansa
y da vueltas y vueltas,
que pasa fugaz
o no pasa
y se hace densa, irrespirable,
que avanza sin reloj entre lo incierto,
que se abomba o se estrecha,
se superpone

que a veces se detiene o se olvida de ser
y entonces... se d i l u y e
y acaba siendo nada,
materia de vacío simplemente

vivir vacío,
vivir del vacío,
vivir en el vacío.

MODO DE VIDA

Restando de mí los espacios vivos.

Con el peso del tiempo umbrío tras los ojos.
Desnudo de caminos y ahíto de chatarra.
Tirando de los días para que no se cansen.
Hostil con los relojes y odiando su pereza.
Queriendo ser más vida en cada instante.
Más vestido de empeños que de logros.

Viajando desde el miedo a la tristeza.
Hundiendo en la esperanza el abandono
o perdido en el margen de la prelocura.
Quebrando atardeceres en las manos:
anhelo derrotado de luz que se marchita.
Con el vértigo a flor de incertidumbre.

Echándome a la espalda cada noche
espadas nuevas que blandir mañana
porque mi desandar no encuentra pasos.
Con la risa, la luz y la alegría,
y una profunda voluntad de amor
a pesar de las manos que se esconden.

Escapando de mí cada vez que me busco.
Resbalando
entre una duda hoy y mañana otra duda.

Así atiendo mi vida y mi discordia
las veinticuatro horas
del día cada día... resistiendo.

La tercera arruga

Ya voy por la tercera arruga,
por la sangre cambiada tantas veces
como la piel,
riego que debería saberse su camino
en vez de tropezar
contra todo lo inevitable.

Un cartílago, ¿qué es?,
¿qué era eso
que antes nos sostenía juncos,
espigas y palmeras contra la voz del viento?

Las luces albas se quedaron
allí donde nacieron
y su esplendor no llega, no se alarga
a estos días amargos que derrotan las tardes
con la prisa del tránsito,
con la frialdad de lo definitivo.

Antes eran las noches
dulces como jazmines...,
                 nos sobraba vida.

Con la cabeza gacha

Últimamente
camino por las calles
mirando siempre al suelo,
buscando no sé qué.

No miro el ancho espacio del aire,
la voluntad azul que escribe el cielo
o la altura que espero de mis ojos.

Antes miraba y era
pájaro y lejanía,
y celaje encendido de la tarde,
estrella, nube,
canción y ocaso,
haz de luz, aunque breve fuera.

También lo hago por casa,
mientras voy de mi soledad
a mis asuntos,
y solo veo,
entre las grietas del parqué,
el agua derramada
y cómo nos vamos deshaciendo
en pequeños montones
de tiempo, de silencio.

Resisto a la entropía

Resisto a la entropía
agarrado a los brazos del sillón
del que hace tanto tiempo desertaron
los sueños y las lágrimas,
rendido al crucigrama de los días
y absorto ante la luz de la ventana,
cautivo por saber, por descubrir,
qué ruido vendrá al fin
a despertarme.

La sequedad se pega
como súbito estigma al paladar,
y no pueden decirse las palabras
que antes fueron nenúfares y viento
y son ahora grillos y atadura,
vilipendio y derrota.

Ayer quise por ti
la plata de la luna,
el dolor de un jazmín sin cielo abierto,
y hoy el perfume blanco de la tarde.

Tal vez mañana sea
el delirio sin pausa del ocaso
o la brisa.

O tu aliento.

De plomo el aire

La mañana siguiente no llegaba,
nunca llegaba,
era un día tras otro y otro,
todos del mismo gris, sin un espejo
para saber que estábamos.

Y no alcanzaba el sol a desvestir
la casa de negrura.

Era de plomo el aire,
apelmazado como larga llaga
de sombra en los pasillos,
en la furia de sed de los cristales,
en la boca de luz de las ventanas,
turbias ya y sin la fuerza de la vida.

Pesaba hasta en los gestos
y en las caricias de las manos cuando
queríamos decir
palabras silenciosas de amor
o de supervivencia.

Era
la mañana una crátera sin labios
esperando el impacto contra el suelo.

Falta de riego

Ya no me muevo tanto por las noches,
tampoco me despierto
con la almohada embebida de sudar las pavuras
que me temían vivo no hace tanto.

Todo es menos intenso, *casi bruno*,
hasta la pena viene más pacífica
—como con menos pena—
y no amarga de pronto como antes amargaba.

La vida...,
lenta en cómo se siente
y rauda en su pasar,
ahora llega, se ducha,
y en tu dolor de nácar negro
se deposita, se hace costra en ti.

Y no sé si esto será tristura
o solo la falta de riego.

La duda

Para Teo Serna

¿Tendrá la herida, dentro de ella,
vida propia, un mundo propio
ajeno al corazón que la padece?

¿Podrá dolerse sola y sentirse
herida con su sola razón de herida
solo con ser en quien la sufre,
sin detenerse en cómo
destruye un ánimo que quiere
seguir nombrándose en la vida?

¿Será la persistencia de la herida
la causa de la mano o la palabra?

¿Será la mano la culpable
de la piedra que llega, impacta, hiere,
que mata o aniquila?

¿Será el brazo, la mano, la palabra...
o será
el odio quien forja
la herida que va en la piedra,
en la mano, en el brazo,
... en la palabra?

¿Será la sangre —mi sangre—
la culpable, la hoz que la alimenta?

ANSIA DE HUIDA

Huyendo de la sombra
y del brocal del pozo,
cogí la bicicleta y me lancé
—como antes, como entonces— sin más fin
que ser en los caminos

ser en su soledad,
en su brisa, en su piedra, en su ventura,
en su dificultad y su conquista

y en calcular la luz que aún tendría
para volver a tiempo a casa,
a esa mi soledad constante, sin vereda,
antes de que la noche fuese monstruo
echado sobre mí

porque entonces —como ahora—
ni rumbo ni bitácora,
solo el ansia de pérdida y de huida,
de explosión y catarsis

(y fue la cobardía, como siempre,
de verme, una vez más, solo, perdido,
lo que me hizo volver).

62 DE OCTUBRE

Llega como un alud al calendario
el tiempo que me avisa, imperturbable,
de que hoy es
sesenta y dos de octubre...

y no quiero hacer nada por saberlo.

(Octubre y 2021)

Como pipas sin control

El silencio dentro de uno es más ruidoso
que cualquier ruido exterior.
Samuel Beckett

A veces,
un ahogo de hueso en la garganta
se me enreda en el pecho como soga
y lo estrangula.

Un estridor me acude si respiro,
cuando me sé y me pienso
zahorra y amalgama mal cernida;
y tengo miedo a preguntarme
de tanta turbia incógnita, de tanto
secreto inconfesable que me forma
y me nace como agua de tizne y cenagal.

Miedo a pensar, a verme lodo,
a ser ceniza y tuétano sin luz,
la sentina del buque en su derrota.

Por eso enciendo la televisión
cuando ese yo aparece y me pregunta,
y quiere revolver lo oscuro de mi sangre

y como pipas sin control y espero
que el tiempo oxide el pensamiento y pase
lentamente
—aún haciendo astillas—
hasta el próximo anuncio
de algún remedio cardiosaludable.

No existe peor némesis
de uno mismo que uno mismo
—o la raíz común—,
... porque sabes.

LA BOCA DE LA NOCHE

La boca de la noche en la ciudad
se traga todo cuanto en ella vive,
cuanto en ella se mueve,
y todo lo deglute
o termina escupiéndolo.

¡Con qué voracidad desaparecen
las sirenas, las luces, las medusas,
las voces y los tránsitos de vida
que deambulan por ella
y vulneran su antorcha de silencio!

También los hombres
... y las basuras.

TANTOS ZAPATOS

Tengo ya más zapatos
de los que necesito para andar
la vida que me quede.

Los miro y me estremezco,
me da angustia pensar que esperan
—algunos impacientes— que los calce,
que puedan preguntarme cuándo
será que yo decida
salir a los senderos y llevarlos

o me reprochen
el desuso, el olvido,
mi desprecio por otros más flamantes,
o el rencor que conserve en mi recuerdo
por una rozadura o una horma viciada.

Así los días como los zapatos,
que se quedan ahí, surtos, inmóviles,
mirando cómo miro
por la ventana,
que se enquistan o van y vienen sin motivo.

Así la vida.

DE LA MADERA QUE SOMOS

> Yo era allí entonces el que soy aquí ahora.
> MIGUEL DE CERVANTES

Acepto sin problema que yo soy
lo que antes fui,
también que fui lo que ahora soy.

Todos somos el mundo que nos hemos hecho
a la luz de una vela,
en la sed de un naufragio
o bajo el esplendor del firmamento.

Yo acepto lo que soy porque lo fui.

Pero no somos solo lo que somos.
Somos máscaras, filfas
de teatro, histriones
bailando siempre al son de nuestro público.

Para los otros somos
el ruido o el silencio que creamos.

Para nosotros somos simple,
devastadoramente, lo que somos,
sin farsa, sin careta, sin mentira.

Y ahí viene el terror de la verdad,
saber del pálpito de esta certeza:
el que solo nosotros conozcamos
el rumor de la piedra y la estampida,

que arrasa y oscurece nuestra paz
cuando el hacha atraviesa la conciencia
y se abre, tenebrosa, en estallido,
en propia destrucción.

Somos de la madera que somos,
no hay que darle más vueltas,
con el sueño de altura de cuando fuimos árbol
y sus caminos pútridos de hormigas...
y su carcoma.

La espesura del tiempo (II)

La tarde victoriosa entre las manos,
el otoño que alfombra mi paseo
dejando el tiempo inerme entre sus hojas
para que yo lo pueda destrozar.

La luz desvencijada de noviembre,
un degüello de soles en derrota,
el hecho del milagro de los días
cumpliendo el calendario,
la ausencia y el temor de tantas flores
ante el aviso del invierno,

el parque abandonado,
sin épicas de arena y toboganes
donde no juegan niños
ni sus padres consultan la vida en el teléfono.

Y todo es
la espesura del tiempo,
que da vueltas, se abomba y se deshace,
hachón abarrotado de vacío.

IMPORTAR NADA

Esta lenta agonía de las horas,
sometiéndonos.

Cómo acortan los días,
cómo avanza la noche,
cómo su manto:
cuásar profundo que me llama,
que cuesta no atender.

Está empezando todo a importar nada,
a durar todo nada:
hasta el querer ser,
hasta el querer seguir.

Estoy
desaprendiéndolo todo,
como si me quisiera
en una habitación desamueblada:
después de tanto todo para nada,

de nada vale estar en tierra firme.

Cierro la puerta, que a estas horas
entra ya mucha luz
y es como si fuera niebla.

Descomunicación

Dime dónde pusiste las galletas al colocar la compra...
Nunca estás cuando llaman por teléfono...
Se te ha rizado un poco el pelo, con esta humedad...
Para fregar el suelo hay que usar otra cosa...
Si prefieres más luz buscaré otra bombilla más potente...
Con la ventana abierta todo se llenará de moscas...
Este año todavía no han venido las golondrinas...
La funda de las gafas se ha quedado pequeña...
¿Qué libro estás leyendo ahora...?
El otro día hablé con la vecina...
¡Qué pronto ha florecido este año el almendro...!
Nunca terminaremos si empezamos así...
Si vas a la farmacia pregunta por lo mío...
¿No tienes otra cosa que ponerte...?
Mira el cielo y lo oscura que se ha quedado la mañana...
Hasta que no lo pongan más barato...
¿Tienes que hacerlo así, por el guasap...?
Han cambiado el horario de los trenes...
Pero eso ya lo habíamos acordado, ¿no...?
Acuérdate del daño que me hacían estos zapatos viejos...
¡Pues anda que a mí los tuyos...!
Sí, ha salido en todos los periódicos...
Y nada por aquí, y nada por allá ¡Abracadabra!
¿Dónde nos buscaremos...?
Las flores que trajiste se han secado, ya no aguantaban más...
¿Te acuerdas cuando dije el otro día te quiero...? Era a ti...

Casi dormido

Casi dormido escribo,
a oscuras

se consumió la luz de las linternas,
presas en el cajón de la mesilla,
y hasta el aire y el sol
olvidaron mi nombre por desuso

ya no encuentro razón
para seguir el paso,
el camino agoniza,
solo tengo de guía los traspiés
que fui
mientras miraba el cielo

y estas flores ajadas que una vez
se hicieran esperanza en mí

llevo también el polvo masticado
hecho costra en la lengua:
es esta la memoria que me avala,
sedimento que aún
se enreda y entorpece las yemas de mis dedos,
las mancha y las ocluye.

Caja de bombones

La propia identidad personal
y la felicidad, son más un regalo
del otro que una conquista personal.
RAFAEL ESCOBAR SÁNCHEZ

La caja de bombones
que compramos en Reyes
se acabó.

Ya no quedan delicias de vainilla
ni placeres de moka y avellanas,
cerezas sublimadas en licor
o alegrías de blanco chocolate,
tampoco queda el duz de praliné.

Solo el aroma,
            solo el recuerdo
de la dulzura
en una caja de colores.

LOS BRAZOS CAÍDOS

Ojalá
consigamos hablar y yo pronuncie
tu nombre sin mancharte.
VICENTE MARTÍN

Con los brazos caídos me recibes
desde hace muchos siempres,
cuando el sueño o la calle
me traen de nuevo a casa

recibes así
también mi afán
en los pocos abrazos que ya somos,
en tu pie que acaricio, en tu blusa que huelo,
en tu mano que busco y ya no sé
si es tuya la que tomo,
en tu faz de paloma
ahora siempre alerta, derrotada

en decirte que sigo estando vivo
en los versos que dije o por decir,
en las palabras
que opacan o deslumbran la sed de mi cuaderno
—embriaguez y refugio de tu nombre—,
en mis canciones,
que te buscan y no recuerdas si te digo
que vine a dártelas, a darte en ellas
el ardor y la vida...

la mía... esa que era tan tuya.

MONTE COLZIM

La montaña interior con que bregamos,
ese monte Colzim donde elegimos
esperar a la muerte renunciando
a todo aquello que era de la vida,
a su don
irrepetible y su milagro.

El alma, que antes fue
caudal y fortaleza,
se deja perecer en esa lucha
y cede, derrotada, al despropósito
severo de los días.

La escalera

Izo
subo
araño
mi cuer
po por la
empinada
y hostil esca
lera que sepa
ra mi ánimo del
suelo en el que a
ferro mi vida como
vientre donde crezco
o donde definitivamen
te muero Donde soy lába
ro del fracaso de las maripo
sas del llatir en la noche de la
luna fría Por ella me arrastro sin
otra convicción que el desnudo ins
tinto de supervivencia que nos justifi
ca ante la vida como dignos de ella a pe
sar de nuestra oscuridad y el ahogo de sa
ber que no habrá puentes al final solamente
estrellas precipitándose más allá de la memoria
Pesa la escalera como abismo que arraiga en nues
tra vida: puede que el no haber nacido sea el mayor
de los favores cuando descubres que la luz se había ago
tado antes de llegar a ella y que ya no queda más que el va
cío perpetuo de la tierra y el olvido de la piedra esperándonos.

ERA YO, NO EL ROSAL

Nunca quise cortar
el rosal que tenía tan en mí,
tan adentro,
jardín, cuna y reposo con que hice soportable
el temor de la vida.

Siempre tuve una rosa
para una pena.

Mas fueron días, tantos,
de pesadumbre, incógnitas y duelo,
de puntos suspensivos y vacío,
que me vi más espina que vergel,
más ceniza que hoguera.

Y no sabía verlo
como antes lo veía:
enjambre laborioso, lluvia fértil
y llanura sin freno en la mirada,
estandarte y veleta, alto refugio.

¡Era yo la catábasis
que ahuyentaba la vida!

¡Era yo, no el rosal!

Cuando llegue la noche

Se ha fundido la luz en el pasillo,
en las habitaciones.

En los baños,
en la cocina...
toda la casa.

¿Qué será de nosotros
cuando llegue la noche?

Atrévete a dudar,
pues solo es en la duda
donde está la certeza.

II
Confusión de resplandores

DONDE PUDE BEBER

Para Franciscc Caro

Todos los manantiales
donde pude beber,
todas las fuentes y veneros
lo fueron de mi sed cuando la tuve,
y todos me ayudaron entonces a calmarla.

Después su persistencia fue distinta,
su eco,
su arraigo y el recuerdo del frescor,

nunca por la abundancia y su premura,
sino por la agonía de desierto
que desterraron de mi angustia.

Mis manantiales,
aquellos que me hirieron de su luz
y pudieron hacerse río en mí

y fueron búsqueda,
señal y reto,
        pregunta,
            memoria de la sed.

LOS PASOS QUE NO DI

Si pudieran
hablar mis pies, si hablasen
de tantos pasos que me hicieron
sin ser consciente de
a dónde me llevaban

si hablasen, sobre todo,
los pasos que no di,
aquellos que no fueron,
los que el dolor, la cobardía, el miedo
negaron su existencia.

Ahora, que dejaron de pasar
todos los trenes,
puedo decir que soy
los pasos que no di.

FRUSTRACIÓN

Nunca pude jugar
a fútbol en un campo de césped natural,
fue siempre mi deseo
ese vergel mullido de anchura verde.

De niño —cuando fuimos
niños en el pueblo— los campos eran
costra dura de tierra en cualquier arrabal
—que limitaban postes de cuadernos,
abrigos y jerséis—;
y nosotros veíamos en ellos
el viento donde ser niños centauros
corriendo sin reservas detrás de una pelota.

De adolescente nunca pude ser
titular del equipo bueno,
y era en el descampado,
costra dura de tierra nuevamente,
donde veía que el sueño se escapaba.

Después, el vendaval catártico del tiempo
oxidó los meniscos
y el corazón,
obligando a mirar otros confines.

Siempre lo viví como un sueño.

Como tanto en la vida,
como tanto en mi vida.

LO PEOR DE LOS RECUERDOS

> ¿Qué otra utilidad, sino la del sufrimiento,
> tiene la emoción de los recuerdos, si nada
> de cuanto nos transmiten ha de volver?
> RAFAEL CHIRBES

Ese recuerdo involuntario
que no quieres que vuelva a ti,
que no quieres que arraigue en tu cabeza
porque te sangra
y te oscurece el día,
y se convierte en losa y pesadumbre.

Son los recuerdos
que, de repente, llegan
cuando tú no los llamas
o que están archivados
donde no los encuentras
cuando los necesitas.

Parejos en desaires andan
olvidos y memorias
cuando uno trata
de afianzar la vida.

El peso de la sangre

Me da vergüenza mirarme al espejo,
mirarme fijamente.
Solo mirarme.

Por todo lo que tengo detrás,
por todo a lo que me parezco
—por tanto a quien me parezco—,
por todo el peso de la sangre que arrastro,
por la ruindad, por el cuchillo,
por la pedrada y el veneno,
por la fe hecha pedazos y el dolor
—indescriptible— y el vacío,
por el camino que era mi sendero
y el jardín que de pronto se hizo páramo.

Por el cepo y la hiel.

Ser fruto madurado que se crece
como árbol y raíz del mismo tronco
y ser, al fin, bagazo solo,
sin estirpe ni tierra que pisar.

La vida que hubo, noria de abundancia,
ya nunca volverá, nunca será,
y eso que yo quería ser en ella,
y ser como la roca,
como solo es la roca..., perdurable.

Acumulando

Como la noche ante el sol naciente,
como el polvo ante el viento.
TEMISTOCLE SOLERA / Libreto de *Nabucco*

Inconscientes
de la precaria finitud que somos,
vamos acumulando cosas
a lo largo y lo ancho de la vida.

Todo, al principio, cabe...
y guardamos.

Tenemos nuestro espacio
repleto de añoranzas, dolores y tristezas,
de nostalgias y cosas postergadas,
de mil tiempos perdidos y mañanas sin sol,

de azúcar demasiada y de café,
de nicotina y sal,
de alcohol y de sustancias psicotrópicas,
de libros que jamás serán de nuestros ojos,
de un exceso de cieno,
de grasa y carne roja,
de palabras y piedras que cercan los olvidos,
de tantas frustraciones y renuncias:
cicatrices y heridas
que no quieren cerrarse.

Somos pobres diógenes a punto de estallar.

Nos cruje el corazón,
van reventando
el cuerpo y las arterias;
y estallará —no sabemos por dónde—
la esperanza que, en tanto, nos mantiene.

SUTURA

Un zurcido, un remiendo,
un parche apresurado, mal cosido,
mal puesto

esto hacemos con nuestro corazón
después de las heridas y las humillaciones:
un arreglo
provisional que luego
explota y desbarranca
en cuanto se tensionan de nuevo las suturas.

Un para ir tirando.

Así sobrevivimos,
así vamos gastándonos
en pírricas batallas cada día,
vacíos de herramientas que nos sanen,
derrochando la vida sin mirarla
cuando pasa...
                y solos

solos cuando el dolor nos atraviesa,
cuando
ya es demasiado tarde.

GRAVA DEL CAMINO

La grava del camino
se mete en las ranuras de la suela
de mis zapatos,
y como llaga propia, sin buscarla,
se hinca ahí, se hace dentadura,
guillotina y rencor de pedernal.

Araña luego
el parqué de la casa,
y en la cerámica de la cocina
resuena como escarcha en el metal.

Entonces voy sacando, una por una,
con arte y precisión de cirujano,
las piedrecitas,
velicando las llagas
hasta limpiar del todo
cualquier secuela
involuntaria del camino:
preparado de nuevo para andar.

Ojalá fuera
tan sencilla la vida,
sus piedras, sus abrojos.

LA GOTA

La gota
     g
     o
     t
     a
  a
     g
     o
     t
     a
resbala por el caño de la espita.

Una y otra,
una tras otra,
con la pausa y el ritmo de su tempo,
formando poco a poco
su redondez, su transparencia.

¡Una y otra,
     una
     tras
     otra!

Sedimento del agua:
la última memoria
que se niega a quedarse
sujeta en la espesura,
que no halla el torbellino
del grifo abierto.

Un vals dosificado e infinito
que horada en el silencio de la noche
las horas del descanso y su bondad.

No dejo de escucharla,
insomne por su tarda letanía:
una y otra,
una tras otra.

Me bastaría
un recipiente para hacerla cómplice
—un balde, una manguera—
y ganar el silencio, su silencio

o abrirle el mar para que fuese allí
agua con el agua.

Pelar una naranja

Resumir la verdad
en la caligrafía de mi nombre.

Esponjar picatostes en la leche
o untarlos del cacao
que espera la merienda de los niños.

Un festón mal cogido que deshace
las horas del trabajo sin el sol.

Un abanico contra el pecho.

Pelar una naranja
y que la mondadura
pueda salirte entera,
de una vez...

así
aquí,
en mí
tus manos
todavía

¡... un incendio!

INDULGENCIA

Cuando se desmoronen
cualquiera de las dudas que encendí
o me falten las fuerzas que antes me sostenían,
sé que no habrá indulgencia
—no la hay—,
todo será en el suelo árbol caído,
balasto solo en las traviesas.

Cuando se apague el ímpetu,
y quizás la alegría que distrajo el tedio de las horas,
y no importe la mano que siempre partió el pan
y lo ganaba para darlo

cuando no sea la palabra dicha
la que se espera oír, percibida a destiempo
porque perdió el valor que siempre tuvo
quien era su cantero

cuando pese tan poco, casi nada,
el sentido que quise empeñar en mis días,
sin memoria que pueda compartir
porque no me esforcé lo suficiente

cuando solo el futuro importe
y allí sea un extraño para los ojos nuevos

cuando se haya perdido el rastro que marqué
y solo quede tiempo —por octubre—
para nostalgia de fotografías

cuando tiemble mi paso, y de rodillas
no pueda sujetar un cable en la pared,
o sea un tabernáculo mi voz,
aquel deshabitado, esta vacía,

sé que no habrá indulgencia para mí.

Tendrá que haber cariño, cimiento renovado,
no el que hubo,
sino el que ahora habrá de sostener la vida,
mi vida,
sin otra lumbre ya que pueda arderla.

No quiero más memoria

de dónde el sol y el fuego,
de dónde el manantial

No quiero más memoria
que la que deje en vuestros corazones.

Haber pertenecido y ya no ser.
Huir de todo,
desaprenderlo todo y olvidarlo,
abandonarlo todo:
ni un recuerdo.

*(Fue tan grande el amor
y es tan pronto el olvido).*

Vosotras seréis mi única heredad,
mi único testimonio;
algún verso, quizá alguna canción
que os haya pervivido,
y el tiempo, como siempre,
lemniscata que a todos nos espera.

*(Fue tan grande el amor
y es tan pronto el olvido).*

TESELAS

Las pequeñas teselas
construyen el mosaico de todo lo que somos,
el pavimento
de todo lo que fuimos,
la carrera de fondo que es la vida.

Por allí correrá nuestro río,
tendremos nuestro infierno,
nuestra medusa, nuestro mar, nuestro aire,
nuestra montaña mágica
y el cómic de Tintín.

Nuestro árbol, nuestro pájaro,
nuestro primer balón de cuero
y aquel trompo hecho trizas
por San Miguel.

Nuestro primer ardor,
y la primera mano pecadora,
nuestro primer secreto descubierto,
nuestro beso primero y el primer desengaño.

El dolor de lo seco y el repudio,
el desarraigo, la desheredad,
el ultraje.

Todas las olas que saltamos,
todos los pasos que dimos.
Todas las nubes. Todos los cielos.

Volviendo allí la vista,
con el grisú de la última
galería retenido en la boca
y a punto del colapso final,
podremos ver aquellas
teselas blancas
que guardan nuestros sueños no cumplidos
—por eso brillan tanto todavía—,
pintando en nuestro solo corazón
una sonrisa triste
por todo lo que no pudimos ser.

Hace ya mucho tiempo
que el cometa ha caído.

Si yo supiera hacerlo

Si yo supiera hacerlo no estaría
mendigando la ayuda cada vez
que necesito manos y dominio.

Pero ya es tarde para mí
aprender abstracciones y manejos
que siempre me costaron entender,
ahora mucho más.

Mi tiempo es solo mío,
—y también el dolor de mis ausencias—
y no habéis aprendido para mí
lo que yo no sé.

He perdido
las oportunidades
por no saber y no tener
una disposición que me alentara,
que me ayudase más allá de un ruego
—cada vez más incómodo—
una limosna que tan poco cuesta
a quien la da y tanto a quien la pide.

El torturado / La luz de Caravaggio

Todo es oscuridad sobrevenida,
luz en rescate.

Yace el cuerpo en la sombra de la estancia,
apoyado en el centro de la tierra,
como isla,
como un lastre,
como un tocón de arcilla esperando en el torno.

No llegan manos,
no llega el agua,
no llega el brío, el giro audaz
que lo empuje a vivir.

No hay esperanza ni clamor de soles,
no hay un batir de alas ni camino abierto;
y en la tristeza de los días, en su tortura,
desfallece,
exánime,
como bosque arrasado que se entrega,
como huella borrada,
como fuste vencido.

Solo una luz —incierta, tenebrosa—
ilumina la escena y se resbala
por el cuerpo como una luna impávida
reclamando el aliento y el perfil
de la vida en su boca.

La frente que huye,
el pómulo que atreve su belleza,
el rizo ungido en fronda de guirnaldas,
el hombro declinado, poderoso,
la tibia encarnadura de la piel,
—desmoronada sangre en correntía—
y el atisbo del torso, desnudado,
bajo el manto.

Cuesta creer
que de esta luz
de brasa permanente,
tan débil como intensa, nacerá,
otra vez, sin haber muerto,
el hombre como roca que perdura.

Otra opción

Podemos desgastarnos y escondernos
—como la suciedad
se esconde en los rincones—
donde el tiempo acumula los fracasos
o guarda la desidia.

Podemos acabar
debajo de las patas del sillón
frenando las monedas y las migas de pan
que se nos caen al suelo.

Podemos dejarnos la memoria
en el túnel de olvidos
que vive en los cojines del sofá,
y obligar a la ropa tendida
a que confiese cuánto sol le falta
para secarse,
o cuánto de verdad que podamos compartir
queda en nuestra piel.

Pero también podemos asear
el derrumbe y el lastre de los días,
y rescatar de allí,
hueras del otro, nuestras manos,
y la duda,
y la palabra...

hasta reconocernos.

Dentro de mí, en el hondo

Persiguiendo la luz, gané de sobra
espinos y hecatombes,
y cárceles y heridas suficientes
para llenar enteras
tantas islas que fui dejando abandonadas
mientras vivía.

Busco dentro de mí,
dentro del soliloquio
y el caos que me habita,
en el hondo,
el demiurgo que pueda construirme,
que me ayude a encontrar
el *hara* profundo que me sostiene;
el nudo, el ruido que me ata a lo que soy,
que me duele y me explica,
que pone del revés cuando quiere mi haz,
que me libera y me comprime

la brida que espolea en mí
esta feracidad de la vida.

CATALEPSIA

Algo crece
de muerte y no se asombra.
ALFONSO CARREÑO

¿Cómo será morir dos veces,
vivir de nuevo,
morir de nuevo?

No tanto por morir,
sino por la resurrección
de la primera vez.

Volver, resucitar
de esa primera muerte
que todos esperamos como única.

Recomponerse de la rigidez
del cuerpo,
de la cérea coraza de la piel macilenta,
de la postura inmóvil
y el acre hedor de las flores marchitas.

Volver de la muerte,
del pozo oscuro

¿y para qué?

Hijos del azar somos
y seremos por él
de la luz o de la nada.

III
La conciencia del aire

Estoy seguro

Estoy seguro,
he visto ahí una luz.

Niégamelo si quieres,
porque tampoco yo lo creería,
pero ahí estaba,
la vi,
luchando por ser,
en el exacto centro del abismo,
donde yo.

Y yo la vi.

La conciencia del aire

Para Federico Gallego Ripoll,
que siempre está.

Hay que arriesgar la conquista del aire,
que nos fluyan las manos de azul de ternura,
que la vida sea vida constante en las alas
y en el corazón.

Ser como briznas en su torbellino,
en las cítaras blancas donde esté su conciencia,
sabedores de ser, en su calma, la duda
y el azar que nos toque
cuando quiera volar.

No cambiaremos sin más las palabras,
ni pondremos altura al lugar de los sueños,
cantaremos como hace
el cristal de la risa de un niño
dispuesto a vivir.

En esa luz del final del camino
—donde todos queremos que haya una estrella—
nuestra dicha será que podamos decir:
yo viví derrochando corazón y palomas,
siendo árbol, vereda, dolor y esperanza,
siendo amor en las cosas pequeñas
que me hicieron ser.

Somos fruto de un tiempo que jamás fue pedido,
no tenemos más cielo que el asombro en los ojos,

el tenaz pensamiento
y el origen de fuego que nos vive en el alma.

Si esa luz que nos hace ser sueño y ser vida
se ha posado en nosotros para ser regalados,
no podemos tener más alto mandamiento:
¡vivir!

Ser el árbol

Solo hay que mirar
y desaparecer en el mirar,
ser eso que se ve.
MIGUEL ÁNGEL CURIEL

La poesía será
ir más allá del árbol,
más adentro

no solo ver el árbol,
decir de su hermosura,
de su símbolo y toda su metáfora

ir más allá
más al adentro, más donde él,
no ser solo en él

más en la fronda, en la raíz,
en el humus donde crece
y en el aire donde vuela,
en la savia que araña la tierra
y lo hace altura

la poesía será
entonces
ser el árbol.

ELEGIR

No todas las jornadas del trayecto
están grabadas desde que el sol salió,
ni existen líneas rectas
en el itinerario que alumbramos.

Lo intenso de la vida
está en el devenir de su derrota,
en ese deambular irrevocable
entre lo previsible y lo desconocido
en todo
lo que buscamos por salir
del camino trazado,
en el afán de hacer de nuestros días
una opción, no un destino,
queriendo demorar
lo inevitable.

Por una prisa tonta

Para Rafael Escobar Sánchez

Dejé sin terminar
el poema.

Magnolio que se abría en su blancura
naciendo ante mis ojos.

Hoy lo busco en los versos que creía
sirgo brillante en el papel,
palabra de aire arrebatado y luz,
... y no lo encuentro.

Le suplico, lo llamo,
le quiero sorprender, ahora, cuando duerme,
y voy como un ladrón amparado en la noche
para ver si me da
otra vez el frescor germinal de sus aguas

mas no puedo
hallar el manantío.

Solo me queda hacer en él
un ejercicio de albañilería
que acierte a darle vida
y luz a sus palabras.

Eso,
u olvidarlo definitivamente.

No podemos quejarnos

No del río o del viento,
de la ira del fuego o de la tierra,
del brutal soliloquio del mar,
de la hierba, del paso de las nubes
o del cambio del flujo de la lluvia.

Hablo de mí, de todos,
de la piel que nos hace y nos termina,
y envuelve los millones de problemas
que pueden extinguirnos cada día,
los que no han encontrado aún
forma de revelarse.

Hablo
del cuerpo que nutrimos y arrastramos,
y sobrevive en equilibrio
entre el azar y las malas costumbres.

Hablo del numen que nos hace
sentirnos lo que somos.

No debemos quejarnos de nuestro deterioro
sabiendo que en el ranking
del dolor comparado,
en su bondad,
siempre seremos ganadores.

Tristeza

Los miro así, de frente,
mientras sesteo la abulia del día
en el sofá

y no puedo evitarlo

me produce tristeza
pensar que no podré
despedirme de todos ellos,
que no me dará tiempo
a hojear otra vez
todos los libros donde fui

o buscarme en aquellos
que aún me esperan.

GUARDAR TAN BIEN LAS COSAS

Nunca encuentro las cosas
que tan bien he guardado.

Tengo que andar buscándome
en otras que me digan
que viví en ellas:
los sueños inconstantes como pájaros,
el remanso de hierba donde pudo
desnudarse la luz de mi memoria,
la ceguera del sol abriéndome los ojos,
los olores del cielo en primavera,
la sed hostil y urgente del verano,
el dulzor de las moras escurriéndose
en tu boca,
el agua que cogía con mis manos
para dártela

y el vuelo de vencejos y campanas
que un día oí llamándome
para ser del aire.

Tengo repletos los cajones, mas
todo descolocado,
encuentro un lunes cuando busco un viernes
o un dolor en la piel o en la sonrisa
si necesito un mar que me devore.

Ya no me cabe nada en los armarios,
detrás de las cortinas, en el bies

que cosiste en la cinta de tu pelo
para que allí la brisa te dijera su nombre.

Tengo incluso guardadas
en algún corazón de la nevera
la sangre y las heridas sin cerrar,
tuve
que ponerlas allí, porque no se pudrieran.

Hoy andaba buscando
el rojo de la tierra, duro y cárdeno,
ardiendo como un vientre fecundo en las besanas,
y me he encontrado el aire y el hueco de tu blusa,
donde estaba esperándome la vida.

Inexorable

Se puede —se debe—
pelear por la vida,
por hacerla posible y prolongarla.
Por la vida, sí,
porque, en sentido estricto,
no se puede luchar contra la muerte,
ella es inexorable.

Ser un agonista contra ella
solo devora el corazón y el ánimo,
no aumenta la esperanza de más vida.

Por eso, aunque se atiende poco,
es preciso sentir
la certeza de su conocimiento,
ese brutal contacto, ese estupor
de su presencia cada día:
es preciso
no hacer nunca banal lo cotidiano.

Y es labor de poeta
aprender a estar siempre en nacimiento.

La inercia: física de la atracción

I [Física de la atracción]

El poder germinal de la palabra, su atributo numínico, define lo que nombra y es así como existe para nosotros. Pero esa cualidad resulta superada por la unión de conceptos que, indisociados y atraídos mutuamente, forman una imagen nueva con significado propio y distinto de las palabras que la integran, y que estas no pueden definir.

A ese movimiento que las atrae, que las aproxima, llámalo inercia.

II [La inercia]

La inercia del anillo que se quiere en el dedo
la inercia de la llave hasta la cerradura
la inercia de la mano queriendo ser del guante
la inercia de las olas muriéndose en la playa
la inercia de la sangre frenética en las venas
la inercia del oxígeno colmándose en el pecho

la inercia de la aguja en el pespunte
del velero en el paisaje
del pecado en la conciencia
del relámpago en la noche

la inercia del azar en nuestra vida
del cuchillo por la espalda
de la cruz en el calvario
de la rabia entre los dientes

la inercia de lo atroz en la bondad
del vergel en el desierto
de la ira en la quietud
del ladrón en las esquinas

la inercia de la mano en el fusil
el dedo en el gatillo,
la bala en la trinchera:
la muerte en el soldado

la inercia entre la carne del puñal
del deseo en la conducta
del cordón en los zapatos
de la lluvia en los cristales

la inercia de la hoz en las espigas
del tañido en la campana
de la gubia en la madera
de la tinta en el papel

la inercia de la voz en los oídos
en el aire de los pájaros
de la huella en la nevada
del color en la blancura

la inercia de tu boca entre mis labios

la inercia del reloj en el silencio
del grafito en la escritura
del ciclón en la tormenta
de la espina en la garganta

la inercia de la luz en las rendijas
del reposo en el asiento
del piolet en la escalada
y en la flor del colibrí

la inercia de la angustia en la esperanza
del dolor en la tristeza
del estigma en el costado
del sofoco en la llanura

la inercia del bastón a cada paso
la inercia del olvido en mi memoria

la inercia del gusano
        horadando la tierra.

PERSPECTIVA

Un río, un árbol
una nube —un amor— que pasa, un beso
equivocado,
un poema fallido, una lechuza
que silva.

No es el agua que cae,
sino el verdor que surge,
no es el viento que sopla,
sino el barco que llega,
no es el volcán que estalla,
sino el fuego que alumbra.

Ni la flor en el campo ni la roca,
tampoco el río,
eligen ser la tierra,
ni el ojo que los mira

aman y serpentean los caminos,
son del viento y del agua,
del fuego, del poema y del sol,
y todos
hablan en su quietud del Universo.

Un grito de luz

No fue la razón
que cayera la nieve,
ni fue la tormenta del aire.
No fue la pasión de ser como el árbol
ni ser el invierno que espera.

No la canción que nos contaba el agua,
no fue que la tierra dudase.
Ni fue
que la flor del almendro hiriese
el beso blanco de la niebla.

Fue el grito de luz
que nos trajo una estrella,
aquel resplandor desde dentro
de la oscuridad
quien puso en mi pie la verdad de un camino
que sigue llamando en mi corazón.

El lenguaje del fuego

Tiene el fuego su propio lenguaje.

El fuego habla,
habla de todo lo que existe,
habla incluso
de cosas que no existen,
de cosas que existían
antes de que pudiéramos sentarnos a escuchar,
a mirar su constante consumirse.

Habla solo,
porque solo él se entiende.

Nunca podremos
decir de su verdad,
de su estado latente o de su vértigo,
del alma y el desgarro que lo alienta
o la bestia voraz que lo desata.

Inaprensible,
su lenguaje transciende
aquello que se puede comprender.

Solo puede sentirse.

Tal que fuera
la poesía.

ES EL AZAR

Vivir es un acto de fe
por la caótica naturaleza que es la vida
de tanto como escapa
a nuestro control,
y ni lo controlado, lo querido,
lo previsible,
tenemos la certeza
de que ocurrirá.

Todo pasa porque sí
y nada pasa porque sí.

Es raro que dependa de nosotros,
pues incluso los actos que creemos
más íntimos de nuestra voluntad
se tuercen por el quiebro de una luz,
por una sed,
por un destello.

No somos nosotros,
es el azar el que nos rige.

Mas si encontramos, a pesar de la helada,
una fuerza capaz de enseñarnos la vida,
hay que cruzar el puente sin pensar en su estado:
vivir es, sobre todo, incertidumbre,
riesgo, ventura, la conciencia
de que somos en ella,
todos, puro azar.

REAPRENDERSE

¡Resulta tan difícil
aprenderse de nuevo!

Un columpio varado,
una silla que vuela,
un reloj que se atasca
en la última hora que supo dar.

La hierba crece y riega de frescor
la indolencia del parque, su abandono.
Las flores desparraman su lisura
sin otro jardinero que el peso de los días.

Los gatos han ganado los jardines,
merodean por ellos,
señores de un espacio que nadie les disputa.

Y el trazo pasajero de las aves
en el azul del cielo
—*como si nada hubiera sucedido*—
sugiere que la vida permanece.

Y soy yo,
reflejo y sacrificio, prisionero,
quien mira embelesado,
absorto por la luz y las palomas.

El destello

El velo misterioso de la niebla de donde surge el día,
la fragancia del trigo mientras crece,
el descanso sereno de la luz en la tarde
acunando la piedra y los confines,
o el vaciado que de ella
inventa la mañana en la llanura,
crisol donde dorarse.

La vida es el destello de blanquísima
luz en la sala oscura de algún cine,
al final de los créditos,
sobre la que podrías construir,
desde el deslumbramiento y con tus manos,
tu nueva historia.

O como la última
página en blanco de un libro
—la que no se numera—
entera toda y solo para ti,
donde puedes
escribir tus deseos, donde puedes
terminar o iniciar la historia de tu vida.

La luz es el estreno de la vida,
y en cada uno está
la voluntad de amanecer.

IV
La luz de nuevo

Este verano

Agosto 2022,
por la ilusión de nuestras hijas,
en un receso de la sed.

Este verano iremos a buscar
la flor allí donde se encuentre,
en el mar, en la nube o la cañada,
en la arena caliente que amamanta el sol
o en el túnel sombrío de guarida
que invisible en la roca nos espera.

Allí donde se encuentre iremos
—tras la sed del rocío en las mañanas
y el dulce pan de agosto en las colmenas—
o donde sea que la tarde avise
que se esconde una luz desconocida.

Oiremos el murmullo en los aleros
del viento recordándonos canciones,
y en la viva frescura de los árboles,
el decir de los pájaros

para soñar que en las ramas más altas
—en la más alta
veleta del aire—
podríamos también, como ellos,
ser nosotros llamaradas de luz,
ansia de vuelo,
libertad.

TEMBLOR DE ORIGEN

> Mirad con cuánto gozo os digo
> que es hermoso vivir.
> FRANCISCO BRINES

Siento anhelo de sol y ansia de espera
del nuevo día.
Quiero pensar que en cada amanecer,
en cada luna que se agota,
hay un mundo radiante y preparado
donde nacer de nuevo.

Tener fe
en la esencia del hombre
como depositario de la vida,
ir hacia la luz
—de las profundidades a la luz—:
temblor de origen que lo empuja
desde que tuvo el sueño de sí mismo

ser que renace
desde la fulgurita del relámpago
que un día lo hizo arena sola,
sílice petrificado.

La vida siempre busca sus raíces,
y nunca vuelve atrás,
encuentra su camino y se nos da
como es, cruda y entera.

Estoy vivo
después de la violencia y la negrura
porque la vida está... y quiere.
En esa voluntad
—en su vorágine, también—,
quiero seguirla.

LAS MAÑANAS
[Signus mundi]

Ahí están las mañanas,
sal y disfruta de ellas, de su luz,
del fulgor y el mensaje:
el despertar diario de la vida

no escuches las sirenas
ni el dolor de las calles, empeñadas
en ser el obstáculo

siente tan solo el vértigo
de la hierba y las hojas en los árboles
creciendo para ser
nuevamente la vida,
en la tierra, en el aire

no estés en la derrota, no persistas,
dale a la abulia forma de alegría

y apuesta el corazón
a celebrar el néctar de las flores,

ve con ellas, te llaman.

65 DE OCTUBRE, VOSOTROS DIRÉIS

Siento no haber sabido ser más pájaro,
más rama, más raíz,
más palabra o acento en la conquista
de lo dicho

más fuego, más cristal o más altura,
más distancia para ver más de cerca,
más voz, más luz, más sed,
más mirada de niño,
más pregunta, más ímpetu, más cielo

más huida, quizá,
cuando ya no tocaba quedarse,
menos duda,
más testimonio,
más empeño, más corazón.

De todo fui, de todo puse,
de todo quise,
pero no fue, quizá, para los ojos
suficiente.

Vosotros diréis.

(Octubre y 2024)

101

... la gracia de existir sin un porqué...
ALFONSO BREZMES

Notas que advierten

Una

En la primavera de 2025 se cumplen cinco años del delirio, de la trampa y el miedo que fue la pandemia en 2020. Circunstancia que nos colocó —desde su inicio de encierro absoluto, de cárcel doméstica— en una situación nunca antes sufrida, ni como sociedad ni como individuos.

Este libro es fruto madurado de aquello que surgió como hachazo, se prolongó como angustia y desapareció al fin como razón e instrumento de tanta encadenada amenaza. El tiempo alumbró de nuevo la vida.

En esa inercia, estos versos: inicio de la negrura, tránsito por la incertidumbre, albor de la esperanza.

Dos

En octubre de 2021, segundo año de la pandemia, el autor cumplía sesenta y dos años... y lo escribía.

Tres

Se llama llatir, *sinónimo de latir, al acto de ladrar de los perros de caza cuando localizan una pista.*

Cuatro

Hara es palabra de origen japonés, se refiere al centro de gravedad físico, psicológico y espiritual de la persona, a lo más profundo de nuestra identidad, aquello que nos hace saber quiénes somos.

Índice

II Confusión de resplandores

III La conciencia del aire

MAHALTA
P O E S Í A

Esta edición de

62 DE OCTUBRE

quedó dispuesta para la tinta
en marzo de 2025,
en los campos alboreaba ya la primavera